Ecologia até na sopa

Mariela Kogan e Ileana Lotersztain
Ilustrações de Pablo Picyk

Tradução de
Mell Brites

Coleção Sopa de Ciências

© 2015 by Ediciones Iamiqué, Argentina
Todos os direitos reservados

Grafia atualizada segundo o Acordo Ortográfico da Língua Portuguesa de 1990, que entrou em vigor no Brasil em 2009.

Título original
ECOLOGÍA HASTA EN LA SOPA

Texto
MARIELA KOGAN E ILEANA LOTERSZTAIN

Ilustrações
PABLO PICYK

Preparação
LUIZA ACOSTA

Revisão
LUCIANA BARALDI
VIVIANE T. MENDES
ANA LUIZA COUTO

Composição e tratamento de imagem
M GALLEGO • STUDIO DE ARTES GRÁFICAS

Dados Internacionais de Catalogação na Publicação (CIP)
(Câmara Brasileira do Livro, SP, Brasil)

Kogan, Mariela
  Ecologia até na sopa / Mariela Kogan e Ileana Lotersztain ; ilustrações de Pablo Picyk ; tradução de Mell Brites – 1ª ed. – São Paulo : Companhia das Letrinhas, 2019.

  Título original: Ecología hasta en la sopa.
  ISBN 978-85-7406-863-3

  1. Ecologia – Literatura infantojuvenil. I. Lotersztain, Ileana. II. Picyk, Pablo. III. Título.

18-24877   CDD-028.5

Índices para catálogo sistemático:
1. Ecologia: Literatura infantil 028.5
2. Ecologia: Literatura infantojuvenil 028.5

Maria Paula C. Riyuso – Bibliotecária – CRB-8/7639

4ª reimpressão

2022

Todos os direitos desta edição reservados à
EDITORA SCHWARCZ S.A.
Rua Bandeira Paulista, 702, cj. 32
04532-002 – São Paulo – SP – Brasil
☎ (11) 3707-3500
🔗 www.companhiadasletrinhas.com.br
🔗 www.blogdaletrinhas.com.br
f /companhiadasletrinhas
@ @companhiadasletrinhas
▶ /CanalLetrinhaZ

A marca FSC® é a garantia de que a madeira utilizada na fabricação do papel deste livro provém de florestas que foram gerenciadas de maneira ambientalmente correta, socialmente justa e economicamente viável, além de outras fontes de origem controlada.

Esta obra foi composta em Stag Sans e impressa pela Lis Gráfica em ofsete sobre papel Alta Alvura da Suzano S.A. para a Editora Schwarcz em dezembro de 2022

14:00	DE QUE SÃO FEITAS TODAS AS COISAS?	6
14:30	PARA FABRICAR COISAS GRANDES SE USA MAIS NATUREZA DO QUE PARA FABRICAR COISAS PEQUENAS?	8
14:45	COMO O BARULHO NOS AFETA?	10
15:00	PARA QUE SERVEM AS PRAÇAS?	12
16:00	DIVIDIMOS O PLANETA COM QUANTAS ESPÉCIES?	14
16:30	O QUE ACONTECE QUANDO UMA ESPÉCIE É EXTINTA?	16
17:00	O QUE SÃO ESPÉCIES INVASORAS?	18
17:30	O QUE SÃO ALIMENTOS AGROECOLÓGICOS?	20
17:45	POR QUE NÃO CONSEGUIMOS COMPRAR A MESMA FRUTA DURANTE O ANO TODO?	22
18:00	O QUE SIGNIFICA SER UM CONSUMIDOR RESPONSÁVEL?	24
18:15	POR QUE SACOLAS PLÁSTICAS SÃO TÃO PERIGOSAS?	26
18:30	AONDE VAI PARAR A FUMAÇA QUE OS CARROS SOLTAM?	28
18:40	O QUE É EFEITO ESTUFA?	30
19:00	O QUE SIGNIFICA AQUECIMENTO GLOBAL?	32
19:15	POR QUE TEMOS QUE ECONOMIZAR ENERGIA?	34
19:30	QUAL É A DIFERENÇA ENTRE LIXO ORGÂNICO E INORGÂNICO?	36
19:45	O QUE QUER DIZER RECICLAR?	38
20:00	POR QUE É IMPORTANTE ECONOMIZAR ÁGUA?	40
20:45	POR ONDE A ÁGUA VIAJOU ATÉ CHEGAR À SOPA?	42
21:30	QUEM SÃO AS PESSOAS QUE CUIDAM DO PLANETA?	44
22:00	EXISTE ECOLOGIA ATÉ NA SOPA!	46

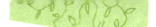

Olá!

Meu nome é Mariela e eu sou bióloga. Vou contar uma coisa que aconteceu comigo há um tempo.

Uma tarde, minhas sobrinhas Sofia e Violeta chegaram muito entusiasmadas na minha casa. Elas me contaram que, quando crescessem, iam ser ecologistas, porque queriam cuidar do nosso planeta e defendê-lo. Eu disse que, para isso, não precisavam esperar até serem adultas!

Nesse tempo que passamos juntas, mostrei a elas que a ecologia está relacionada à vida de todos, independentemente de idade ou do lugar onde vivem.

E foi isso o que aconteceu...

14:00

Para começar nossa tarde de pura ecologia, desafiei minhas sobrinhas a encontrar coisas ao redor que não tivessem nada a ver com a natureza. Sofia e Violeta apontaram para o computador, a televisão, os sapatos que estavam usando... Então eu perguntei:

— De que são feitas todas as coisas?

"Algumas coisas são fabricadas com materiais que encontramos prontos na natureza: pedras, metais, areia, madeira, algodão, lã ou couro, por exemplo.

Outras são feitas com materiais que não existem na natureza, como vidro, papel ou plástico. Eles são chamados de **materiais sintéticos** e são fabricados pelo ser humano com **materiais naturais**. Para fazer vidro, é necessária areia; para fazer papel, precisamos de madeira e, para fazer plástico, necessitamos de petróleo. Para fabricar cada uma das coisas que estão ao nosso redor, sempre precisaremos de um pedacinho de natureza.

Quanta natureza se esconde em um brinquedo?

O petróleo é uma substância natural que se formou há milhões de anos a partir de restos de plantas e animais pré-históricos que ficaram enterrados na crosta terrestre e entraram em decomposição. O petróleo é extraído das profundezas da terra ou do fundo do mar, e com ele fabricamos combustíveis, tintas, produtos de limpeza, cosméticos, fertilizantes e plástico — muito plástico!

Uma boneca, um caminhãozinho e uma pazinha, antes de serem plástico, foram petróleo, e antes, muito antes, eram plantas e animais.

14:30

Sofia refletiu por um tempo sobre a ideia de que tudo é fabricado a partir da natureza. Então, perguntou:

— Para fabricar coisas grandes se usa mais natureza do que para fabricar coisas pequenas?

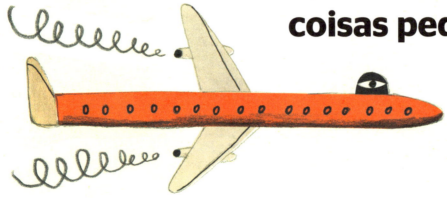

"Para fabricar algo grande, como um prédio ou um avião, precisamos de muita natureza. Mas nem sempre o tamanho de um objeto corresponde à quantidade de natureza usada. Isso porque não consideramos apenas o material usado no próprio objeto, mas tudo o que foi preciso para a extração das matérias-primas, sua fabricação, a embalagem, o transporte e o tratamento dos resíduos gerados durante o processo.

Por exemplo, para conseguirmos a quantidade necessária de ouro para a produção de um anel de mais ou menos dez gramas, é preciso remover 3500 quilos de pedra da montanha. Já pensou?!

3500 KG

A mochila ecológica

A **mochila ecológica** representa o peso total dos recursos naturais necessários para que um objeto cumpra seu ciclo de vida, ou seja, para que seja criado, empacotado, transportado, usado e descartado.

Mochila ecológica de alguns objetos

Escova de dentes: 1,5 kg | Celular: 75 kg | Cafeteira: 285 kg | Notebook: 1500 kg | Carro: 15000 kg

14:45

Violeta pediu para brincar na praça, e lá fomos nós. No caminho, ouvimos um monte de buzinas, e aproveitei para perguntar a elas:

— Como o barulho nos afeta?

> Nas grandes cidades, existe um problema que tem se tornado cada vez mais preocupante: a **poluição sonora.** As fontes de ruídos urbanos são muitas: carros, motos, transporte público, obras, festas, aviões... e a lista continua!
>
> Muitas vezes, nós não reparamos nesses barulhos, e com o tempo eles podem nos trazer diversos problemas de saúde, como perda auditiva, alteração do sono, irritação, mau humor e dificuldade de concentração.
>
> É difícil evitar a poluição sonora, mas podemos fazer a nossa parte, mantendo o volume dos nossos aparelhos eletrônicos mais baixo, evitando lugares muito barulhentos e usando menos carro, por exemplo.

Também existe poluição visual!

Cabos, antenas, outdoors, placas etc. não tiram apenas a beleza da paisagem e da arquitetura do ambiente. Esse excesso de informação, que nem sempre nosso cérebro consegue processar totalmente, também pode gerar incômodo, dor de cabeça e mau humor.

Além disso, representa uma distração perigosa, capaz de provocar acidentes no trânsito.

15:00

Logo chegamos ao nosso destino.
— Que sorte que existe uma praça perto da minha casa — disse às meninas, entusiasmada, e perguntei:

— Para que servem as praças?

"Os espaços verdes são ideais para caminhar, correr, fazer exercícios, brincar ao ar livre e aproveitar o contato com a natureza. Mas as praças também trazem outros benefícios para as cidades. Suas plantas liberam oxigênio e capturam parte das partículas e dos gases que poluem a atmosfera. Além disso, quando chove, a água é absorvida pela terra das praças e volta aos rios subterrâneos que correm por baixo do solo, evitando alagamentos.

Toda vez que um desses espaços se transforma em um prédio ou em alguma outra construção, os problemas ambientais da cidade aumentam. Por isso, é muito importante cuidar das praças e dos parques da nossa cidade e fazer com que os governos criem novos e também protejam os que já existem.

Queremos mais praças!

A Organização Mundial da Saúde (OMS) sugere uma proporção mínima de 10 m² de espaço verde por habitante. Estas são as proporções aproximadas (em m²) de algumas cidades importantes:

Curitiba (Brasil): 52
Cidade do México (México): 28
Nova York (Estados Unidos): 23,1
Madri (Espanha): 14
Toronto (Canadá): 12,6
Paris (França): 11,5
Santiago (Chile): 10
Montevidéu (Uruguai): 9,2
Buenos Aires (Argentina): 6
Tóquio (Japão): 3
Istambul (Turquia): 2,6
Lima (Peru): 2
Quito (Equador): 1,5

16:00

Depois de passar um tempo brincando, sugeri às meninas que contassem quantos tipos diferentes de animais e plantas existiam na praça, mas eram tantos que elas logo se cansaram.
— Imaginem se vocês tivessem que contar os animais e as plantas do mundo inteiro — eu disse, rindo, e em seguida fiz mais uma pergunta:

— Dividimos o planeta com quantas espécies?

"Até agora, mais ou menos um milhão e meio de espécies foram registradas, mas os cientistas calculam que convivemos com cerca de dez milhões! Isso significa que ainda existem muitas espécies a serem descobertas — algumas foram extintas antes mesmo de serem conhecidas... Encontrar novas espécies é uma tarefa trabalhosa e demorada, sobretudo quando se trata de seres muito pequenos (insetos, fungos ou micro-organismos) ou que vivem em lugares muito difíceis de chegar, como as florestas tropicais ou o fundo do mar.

Viva a biodiversidade!
Essa grande variedade de formas de vida é chamada de **biodiversidade**. Ela é fundamental para as pessoas porque, entre outras coisas, é responsável por prover os nossos alimentos e o que usamos para fabricar remédios, roupas, objetos...

22 DE MAIO É O DIA INTERNACIONAL DA BIODIVERSIDADE

16:30

Sofia e Violeta refletiram sobre o que eu havia dito. Percebi que estavam preocupadas e perguntei qual era o problema. Violeta perguntou:

— O que acontece quando uma espécie é extinta?

"Para poder viver, todos os animais, plantas e micro-organismos se relacionam entre si e com o ambiente ao seu redor. Interagem ao se alimentar e respirar, ao se decompor... Se indicássemos com linhas todas as relações entre as espécies do planeta, chegaríamos a um desenho de cruzamentos infinitos que formariam uma grande rede. Toda vez que uma espécie desaparece, um pedacinho dessa rede que liga todos os seres vivos se rompe.

Imagine uma parede onde cada tijolo representa uma parte diferente do planeta: alguns representam os tipos de solo; outros, a água que o solo recebe; outros, ainda, a luz do Sol que chega ali, e cada animal, planta e micro-organismo também está representado por tijolos diferentes. Se tirarmos apenas um, a parede se manterá em pé, mas, se eliminarmos mais um, dois, três... em algum momento a parede vai desmoronar.

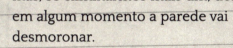
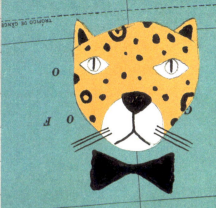

SOS

Muitas organizações ambientais promovem campanhas em defesa das onças-pintadas, dos pandas, dos ursos-polares, das baleias ou dos golfinhos. Essas são **espécies bandeira**, ou seja, espécies em risco de extinção que despertam mais simpatia entre as pessoas. Mas isso não significa que os outros animais não são importantes: como cada um deles é um tijolo da parede da biodiversidade, protegê-los é uma maneira de cuidar do meio ambiente e de todas as espécies que habitam uma determinada região.

17:00

O barulho de um grupo de periquitos chamou a atenção das meninas, e elas começaram a imitá-los. Contei que em alguns lugares esses bichinhos simpáticos são considerados uma espécie invasora. Sofia arregalou os olhos e perguntou:

— O que são espécies invasoras?

"Muitas vezes, as pessoas tiram animais e plantas de seu hábitat de origem e os levam para lugares distantes. Às vezes, o traslado acontece de maneira acidental, como quando algumas sementes ficam presas nas rodas de um carro ou caramujos viajam grudados no casco de um barco. Outras vezes, essa mudança é intencional; por exemplo, quando alguém leva a muda de uma planta para casa ou pega um animal para ser seu bicho de estimação.

Em alguns casos, a espécie recém-chegada pode se multiplicar com facilidade porque não encontrará predadores naturais no novo ambiente. Quando isso acontece, o número de indivíduos da espécie cresce de maneira desproporcional, o que pode acabar prejudicando outros animais, propagando doenças, ocupando espaços públicos... e se transformando em um verdadeiro problema! Segundo a União Internacional para a Conservação da Natureza (UICN), existem ao menos cem espécies que, por causa de seu crescimento desordenado e pelos danos que provocam no ambiente e na economia, são consideradas invasoras perigosas.

Aí vem a praga!

Myiopsitta monachus é um periquito da América do Sul que começou a ser exportado para a Espanha como animal de estimação há mais ou menos trinta anos. Como esses pássaros não se mostraram tão domesticáveis quanto pareciam, muitos escaparam ou foram abandonados. A espécie começou a se reproduzir livremente e se multiplicou tanto que hoje é um sério problema para as plantações e para os cabos de energia do país.

17:30

Ao sairmos da praça, decidimos fazer uma sopa para o jantar e fomos para uma feira agroecológica ali perto. Surpresas, minhas sobrinhas me perguntaram ao mesmo tempo:

— O que são alimentos agroecológicos?

"A **agroecologia** é uma forma de produzir alimentos somando os saberes das pessoas que vivem no campo há muitas gerações com os conhecimentos científicos da ecologia. Esse tipo de agricultura se preocupa com a saúde do trabalhador rural e respeita seus direitos.

Quem produz alimentos agroecológicos trabalha em pequenos lotes de terra, próprios ou comunitários, e não usa agrotóxicos nem fertilizantes químicos. Cultiva espécies próprias da região e cuida da terra e da água do lugar.

Os alimentos tradicionais que encontramos nos supermercados são muito diferentes dos produtos vendidos nas feiras agroecológicas. Isso acontece porque os alimentos agroecológicos são produzidos com métodos bem menos prejudiciais para o meio ambiente e para as pessoas que trabalham em sua produção, e são mais saudáveis para quem os consome.

"Orgânico" e "agroecológico" são a mesma coisa?

A produção de alimentos orgânicos e ecológicos respeita as normas internacionais que regulam o uso de substâncias químicas durante o cultivo e a elaboração dos alimentos. Ambos são saudáveis e causam menos danos ao meio ambiente, mas a produção orgânica não leva em consideração o aspecto cultural, social e econômico do processo, como acontece na agroecologia.

17:45

Sofia queria comprar uma melancia, mas lhe disseram que ainda não estava na época. Então ela perguntou, decepcionada:

— Por que não conseguimos comprar a mesma fruta durante o ano todo?

"As plantas não crescem em qualquer momento nem em qualquer lugar. Como todos os seres vivos, para se desenvolver e crescer elas dependem das condições do ambiente em que vivem: a temperatura do ar, a intensidade da luz do Sol, a quantidade de chuva, o tipo de solo... Por isso, em cada época do ano e em cada lugar, diferentes espécies de plantas crescem e dão frutos.

No entanto, hoje em dia é cada vez mais comum encontrar melancia nos meses mais frios ou manga na Patagônia. Isso é possível devido ao uso de produtos químicos, aos processos de conservação com aditivos e ao transporte das colheitas por longos trajetos — e tudo isso impacta negativamente o meio ambiente e a nossa saúde.

As vantagens de consumir frutas e verduras da estação:

➡ É mais saudável, porque, como são colhidas e consumidas em sua época natural, preservam mais suas qualidades nutritivas e oferecem uma quantidade maior de vitaminas.

➡ É mais gostoso, porque os alimentos submetidos a longos períodos de transporte e conservação perdem o aroma e o sabor.

➡ Cuidamos do meio ambiente, porque respeitamos o ciclo natural das plantas e do solo, diminuímos o uso de produtos químicos, minimizamos o gasto energético e reduzimos a contaminação do ar produzida pelo transporte.

18:00

Saímos da feira e entramos no supermercado para terminar nossas compras. Sofia e Violeta queriam comprar tudo o que viam: doces, adesivos, brinquedos, camisetas... Então eu as desafiei:

— O que significa ser um consumidor responsável?

Como escolher?

− é +

"Cada objeto fabricado causa um pequeno impacto sobre o meio ambiente. Por isso, reduzir o que compramos é uma das maneiras mais efetivas de cuidar do nosso planeta. É importante consumir somente o necessário e escolher todo produto com consciência.

Existem muitas coisas de que podemos abrir mão, coisas que queremos ter apenas por capricho, porque um amigo tem igual ou porque vimos uma propaganda muito tentadora. Antes de comprar alguma coisa, vale se perguntar: "Quanto eu vou usar isso?", "Quanto isso vai durar?", "Posso, em vez de comprar, pedir emprestado para alguém?", "Posso consertar o que já tenho?", "Quanta natureza foi usada para fabricar e empacotar isso?", "O que vai acontecer com isso quando eu não quiser mais?", e o mais importante: "Eu realmente preciso disso?".

SE APRENDE

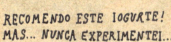

É isso que você deseja?

Talvez você tenha sentido muita vontade de tomar um iogurte específico em algum momento. Será que essa vontade surgiu por causa do sabor do iogurte ou porque a embalagem tinha a foto do personagem do último filme que você viu no cinema? As empresas pagam muito dinheiro para usar a imagem dos personagens da moda em seus produtos porque sabem que isso aumenta as vendas. Você já tinha pensado nisso?

18:15

No caixa do mercado, nos ofereceram uma sacola plástica para levarmos as compras. Eu neguei e guardei tudo na sacola de pano que sempre carrego comigo. Enquanto arrumávamos as coisas, Sofia perguntou:

— Por que sacolas plásticas são tão perigosas?

> Para fabricar uma sacola plástica, é necessário energia, água e petróleo. A sacola é usada uma ou duas vezes e depois é descartada. Na melhor das hipóteses, ela irá para um lixão, mas o mais provável é que a sacola seja levada pelo vento até o campo, o rio ou o mar. Então, serão necessários mais de cem anos para que ela se decomponha completamente.

Ao longo dos anos, quantidades inimagináveis de sacolas plásticas foram se acumulando nos lugares mais remotos do planeta e se tornaram um grande perigo para peixes, aves, tartarugas e mamíferos marinhos. Frequentemente esses animais se enroscam nas sacolas e ficam imobilizados ou se asfixiam. Às vezes, os animais ingerem pedaços de plástico porque os confundem com alimento, e assim adoecem ou morrem de indigestão.

Ilhas nada paradisíacas

Há alguns anos, um barco que navegava pelo oceano Pacífico Norte se desviou da rota tradicional e — surpresa! — deparou-se com uma grande quantidade de sacolas, garrafas, embalagens e outros dejetos plásticos que ocupavam quilômetros e mais quilômetros da superfície marítima. Depois dessa primeira descoberta, cientistas encontraram outros quatro lixões gigantescos nos oceanos Pacífico Sul, Atlântico Norte e Sul e Índico. Essas zonas têm pouca corrente e funcionam como funis: ali o lixo se acumula, formando essas ilhas horrorosas de restos de plástico.

18:30

Voltamos para a rua, e um carro passou soltando uma fumaça muito escura. Sofia fez uma pergunta bastante curiosa:

— Aonde vai parar a fumaça que os carros soltam?

> Enquanto estão ligados, todos os carros, os ônibus e as motocicletas soltam fumaça. Essa fumaça, que algumas vezes é mais fácil de ver do que outras, é formada por uma mistura de gases e pequenas partículas que ficam suspensas no ar. Mas os veículos não são os únicos que afetam o ar que respiramos: os sistemas de calefação e refrigeração e principalmente as indústrias causam uma enorme **contaminação atmosférica**. É por isso que, nas grandes cidades, muitas pessoas sofrem de tontura, cansaço, acessos de tosse, dor de garganta ou irritação nos olhos e na pele. E quem vive nos arredores das grandes cidades não está a salvo: com o vento, as substâncias tóxicas que são emitidas nas cidades acabam sendo distribuídas por todo o planeta, causando os chamados **efeitos globais**.

As piores e as melhores

Mais da metade da população mundial vive em cidades onde o nível de contaminação do ar é mais do que o dobro recomendado pela Organização Mundial da Saúde. Entre as cidades com maior contaminação atmosférica estão Nova Déli (Índia), Pequim (China), Abu Dabi (Emirados Árabes), Doha (Catar), Dakar (Senegal), Sófia (Bulgária) e Ancara (Turquia). Já Vancouver (Canadá), Copenhague (Dinamarca), Auckland (Nova Zelândia) e Melbourne (Austrália) são as cidades que têm o ar mais limpo.

18:40

Sofia disse que havia aprendido algo sobre os efeitos globais na escola, quando estava estudando o efeito estufa. Violeta, que estava distraída, se interessou pelo assunto e perguntou:

— O que é efeito estufa?

"Para chegar até nós, a luz e o calor do Sol têm que atravessar a atmosfera, que é a capa de ar e gases que circunda o planeta. Depois que penetra essa espécie de camada protetora da Terra, parte da radiação bate no solo — nas plantas, no mar, nos edifícios — e volta para o espaço. No entanto, outra parte é retida pelo escudo de gases e fica presa na atmosfera, o que faz com que essa camada esquente.

A atmosfera funciona como o teto de uma estufa: permite que a Terra se mantenha em uma temperatura muito maior que a do espaço sem precisar de um aquecedor! Se não fosse pelo calor retido entre os gases do efeito estufa, nosso planeta seria muito frio e não poderíamos viver nele.

Confusa, Violeta perguntou:
— **Mas o efeito estufa é bom ou ruim?**

"Nas últimas décadas, as atividades humanas provocaram aumento na concentração de gases do efeito estufa. Como consequência, a temperatura da Terra foi subindo aos poucos, o que afetou diretamente os seres vivos, o clima e os processos naturais. Embora pareça insignificante, uma pequena elevação de temperatura pode provocar uma mudança bem grande na vida na Terra.

O desmatamento

As plantas são reguladoras importantes desse fenômeno porque absorvem dióxido de carbono, o principal componente dos gases do efeito estufa. Quando desmatamos ou queimamos uma floresta, contribuímos para o aquecimento do planeta, uma vez que, diminuindo a quantidade de árvores, menos carbono é absorvido. Além disso, os gases que estavam armazenados nessas árvores são liberados na atmosfera. E ainda perdemos a biodiversidade que habitava a floresta e sua capacidade de purificar o ar e proteger o solo.

19:00

Passamos o resto do caminho conversando sobre as muitas mudanças provocadas pelo aumento dos gases do efeito estufa. Então, fiz uma pergunta às meninas:

— O que significa aquecimento global?

"O aumento da temperatura média do planeta faz com que as geleiras, os polos e a neve derretam cada vez mais, aumentando a circulação de água pelos rios que desembocam no mar. Mas isso não é tudo: o aumento da temperatura também provoca o aquecimento da água. E ao esquentar, a água ocupa mais espaço, fazendo com que o nível dos mares e oceanos suba. Toda essa água "a mais" provoca inundações que põem em perigo as populações das ilhas e áreas litorâneas.

A mudança de temperatura também provoca alterações nas chuvas, que começam a ser mais intensas em algumas regiões e menos abundantes em outras, deixando certos lugares alagados e outros completamente secos. Isso afeta drasticamente as plantas e os animais, porque seus hábitats são totalmente alterados.

Diante de um problema global como esse, a única solução é uma mudança, também global, na consciência das pessoas!

Como uma rã?

Dizem que se uma rã cai em uma panela de água fervente, ela pula imediatamente e escapa. Mas se ela é colocada em água fresca que esquenta aos poucos, a rã não se mexe. O aumento gradual da temperatura gera sonolência, depois fadiga e, quando a água fica quente demais, a rã já não tem forças para reagir.

O exemplo da rã é usado para explicar o que acontece com as pessoas em relação a alguns problemas ambientais. A situação piora lentamente e, quando os seres humanos percebem que estão em uma verdadeira armadilha, já é tarde demais. A não ser que... a gente comece a agir rapidamente!

19:15

Ao chegar em casa, começamos a guardar tudo o que havíamos comprado. Minhas sobrinhas, concentradas na organização, esqueceram a porta da geladeira aberta. Bastou um olhar para que elas a fechassem rapidamente.

— Por que temos que economizar energia?

"A eletricidade que faz a geladeira e outros eletrodomésticos funcionarem e que carrega baterias, liga motores e ilumina os ambientes é gerada muito longe das cidades, nas chamadas **centrais elétricas**. Lá a energia da natureza é captada e transformada em eletricidade.

Existem dois tipos principais de centrais: as hidrelétricas, onde a energia é obtida a partir dos rios com corrente de água intensa, e as termoelétricas, onde a energia é obtida a partir do calor produzido com a queima de combustíveis fósseis. As represas hidrelétricas têm um impacto enorme sobre o meio ambiente porque alteram o fluxo da água dos rios, provocam inundações, além de afetar o solo e destruir os arredores, entre outros efeitos adversos. No caso das termoelétricas, a eletricidade é obtida mediante o uso de recursos naturais que não se renovam, como o petróleo e o carbono. E não apenas isso: ao funcionar, emitem grande quantidade de gases do efeito estufa.

Quanto mais cuidamos da eletricidade, mais cuidamos do planeta!

Conselhos para economizar energia em casa

→ Apague a luz dos cômodos onde não há ninguém.

→ Desligue a TV se não estiver assistindo.

→ Desligue o computador depois de usá-lo.

→ Pense no que vai tirar da geladeira antes de abri-la.

→ Caso tenha ar-condicionado, ajuste a temperatura entre 24 e 26 °C, tanto no verão quanto no inverno.

→ Sugira aos seus pais que comprem eletrodomésticos com menor consumo energético, ou seja, do tipo A ou B.

19:30

Enquanto eu descascava algumas frutas para fazer a sobremesa, contei a elas que todas aquelas cascas voltariam a fazer parte da terra em breve. Aproveitei para perguntar:

— Qual é a diferença entre lixo orgânico e inorgânico?

embelezar

"Todos os dias deixamos sacos de lixo na rua. O vizinho da frente e o do lado fazem a mesma coisa. Todas as casas, os escritórios, as lojas e fábricas ao redor do mundo produzem lixo. Geramos toneladas de lixo por dia!

O **lixo orgânico** é o que provém de animais e plantas, como as cascas de frutas, os ossos de frango e outras sobras de comida. Ao enterrarmos esses resíduos (que são restos de seres vivos), eles passam a servir de alimento para os micro-organismos que vivem na terra. Por isso, o lixo de origem orgânica se decompõe com facilidade e em algumas semanas passa a formar parte do solo.

O **lixo inorgânico**, em compensação, é formado por dejetos de origem sintética, como latas, plásticos e vidros. Como esses materiais não servem de alimento para os bichinhos da terra, ficam no solo por muitos e muitos anos até que se desintegrem.

Quantidade de lixo (em quilos) que uma pessoa gera por ano

em Santiago do Chile: 462
em São Paulo: 380
em Buenos Aires: 281
em Bogotá: 267
em Lima: 246
na Cidade do México: 210

Tempo de decomposição

 Bituca de cigarro: 2 anos

 Lata de refrigerante: mais de 10 anos

 Sacola plástica: mais de 100 anos

 Garrafa de vidro: milhares de anos

19:45

Ficamos pensando em todo esse lixo e no tempo que ele leva para se desintegrar.
— Uma grande parte do que jogamos fora pode ser reciclada — comentei.
Então Violeta perguntou:

— O que quer dizer reciclar?

PAPEL
PLÁSTICO
VIDRO
PAPELÃO

SEPARAR PRIMEIRO!

"Reciclar é recuperar o material de um produto que não é mais usado e aproveitá-lo para fabricar algo novo. Desse modo, não só diminuímos a quantidade de lixo gerada como também economizamos recursos naturais e energia. Por exemplo, em vez de cortar árvores cada vez que precisamos de papel, é melhor aproveitar os papéis que já usamos e fazer uma massa que pode ser utilizada na fabricação de papel novo.

Esse é o caso não só do papel como também do papelão, vidro, plástico... Mas, para que esses materiais sejam reciclados, é preciso esforço de todos nós. O primeiro passo é separar em casa o lixo que contém materiais recicláveis. Depois, é responsabilidade dos governos implementar sistemas que transportem esses resíduos até um lugar que tenha a tecnologia necessária para o processamento e a recuperação dos materiais.

O que significam esses símbolos?

Feito com materiais recicláveis

Feito com materiais reciclados

Os três Rs

Mesmo que recuperássemos tudo o que é reciclável, ainda sobraria muito lixo. Por isso, precisamos evitar o desperdício de recursos naturais e de energia reduzindo a quantidade de coisas que compramos e consumimos.

A regra dos três Rs nos lembra do que devemos fazer para cuidar do nosso planeta: Reduzir, Reutilizar e Reciclar.

20:00

Sofia e Violeta começaram a lavar as verduras para a sopa. Percebi que estavam preocupadas em não gastar água, então resolvi perguntar:

— Por que é importante economizar água?

"Apesar de existir muita água no planeta, a maior parte dela está nos mares e oceanos, portanto não serve para o consumo humano. A água que podemos usar, depois de torná-la potável, é a dos rios, lagos e lençóis freáticos, os lençóis de água que correm embaixo da terra. E eis uma questão importante: tornar a água potável consome tempo, dinheiro, energia e recursos naturais. Mesmo que haja água suficiente para abastecer toda a população do mundo, milhões de pessoas não têm acesso à quantidade mínima de que necessitam para viver dignamente. Assim, economizar a água que chega às nossas casas é uma maneira de colaborar para que mais gente tenha acesso à água potável, agora e no futuro.

a

A água é um direito

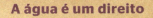

Em 2010, a Assembleia Geral das Nações Unidas reconheceu o direito humano à água. Desde então, é obrigação dos governos e das organizações internacionais garantir o acesso à água saudável em quantidade suficiente para todas as pessoas do mundo.

22 de março é o Dia Mundial da Água

20:45

A sopa estava pronta! Nos sentamos à mesa e, quando começamos a comer, desafiei Sofia e Violeta com uma nova pergunta:

— Por onde a água viajou até chegar à sopa?

"A água viaja — e muito! Parte da água que está nos mares, nos rios, nos lagos e nos seres vivos logo subirá à atmosfera em forma de pequenas gotas de vapor. No céu, essa água em vapor formará as nuvens, que poderão viajar longas distâncias antes de a água voltar para a terra em forma de chuva ou neve. Como nuvem, ela pode chegar a lugares muito distantes do rio ou da planta onde começou sua viagem ao céu. E depois, em forma de chuva, poderá alimentar um novo rio ou regar uma nova planta.

A água que existe no nosso planeta é sempre a mesma e está em movimento constante, viajando de um lugar a outro há milhões de anos. A água que está na nossa sopa pode ter estado no estômago de um dinossauro ou ter cruzado o céu da China em forma de nuvem.

Napoleão

E o macarrão?

Como a água, os elementos que estão nos seres vivos fazem parte dos ciclos da natureza. A mesma molécula de carbono que está no ar agora em forma de dióxido de carbono logo poderá se incorporar à folha de uma planta e, algum tempo depois, ao corpo de um animal.

Como o macarrão é feito com farinha e a farinha é fabricada a partir da planta do trigo, o carbono do macarrão que está na sopa pode antes ter estado em uma formiga, em um salgueiro ou no corpo de Napoleão. Os **ciclos da natureza** que renovam a vida do planeta são incríveis!

21:30

Enquanto comíamos a sobremesa e antes de terminar o nosso dia de pura ecologia, pensei que era importante refletir sobre uma grande questão.

— Quem são as pessoas que cuidam do planeta?

"Todas as pessoas podem (e devem) assumir o compromisso de cuidar do planeta por meio de pequenos atos no dia a dia. Para que isso aconteça e se multiplique, é fundamental que as escolas se envolvam, nos ajudando a conhecer os problemas e a pensar em possíveis soluções. Também é importante o papel das organizações sociais e das ONGS (organizações não governamentais), que buscam defender os recursos naturais, informar e conscientizar a população.

Essas ações, porém, são apenas alguns dos elos de uma grande cadeia de responsabilidades. E nessa cadeia os governantes também têm papel fundamental: cuidar dos recursos naturais de seu território, protegendo-os através de leis e mecanismos de controle para que essas leis sejam cumpridas. Eles devem fiscalizar, sobretudo, as empresas, para que elas não contaminem o meio ambiente, não gastem energia em excesso e fabriquem produtos que possam ser reciclados, entre outras ações.

É imprescindível o papel das organizações internacionais que cuidam dos problemas globais da ecologia, promovendo acordos entre diferentes países e fiscalizando para que esses acordos sejam cumpridos.

Presente e futuro

A população mundial aumenta a cada ano, assim como o ritmo de consumo dos recursos naturais e da energia, com a tecnologia nos oferecendo cada vez mais bens e serviços.

Mas se a sociedade continuar a se desenvolver nesse ritmo, o futuro do planeta será desolador.

Devemos caminhar para um **desenvolvimento sustentável**, que, como definiu a Comissão Mundial sobre o Meio Ambiente e Desenvolvimento das Nações Unidas, consiste em "satisfazer as necessidades das gerações presentes sem comprometer as possibilidades das gerações futuras".

22:00

O jantar estava delicioso, e nos divertimos lembrando de tudo o que tínhamos feito naquele dia. Fiquei feliz de ter dividido com as minhas sobrinhas alguns dos temas da ecologia com os quais tanto me importo e de sentir que elas haviam se interessado por tudo aquilo.

Sorridente, levantei meu copo e disse:
— Um brinde ao nosso lindo planeta!
Sofia completou:
— E que a gente possa continuar aprendendo a cuidar dele!
E Violeta concluiu:

— **Existe ecologia até na sopa!**

agroecologia · equilíbrio · RECICLAR · Água · AR · INORGÂNICO · ESPÉCIES · CICLOS · RESPONSÁVEL · SAÚDE · PLANTAS · Relações · BIODIVERSIDADE · MEIO AMBIENTE · PROTEGER · DIVIDIR · CONSUMO · energia · CONTAMINAÇÃO · LIXO · TERRA · animais · HÁBITAT · ORGÂNICO · MATERIAIS · reutilizar · Futuro · REDUZIR · DESENVOLVIMENTO SUSTENTÁVEL

Propostas para seguir estudando

Sites para visitar:
- www.wwf.org.br
- www.greenpeace.org/brasil
- www.sosma.org.br

Vídeos para assistir no YouTube:
- "O ultimato evolutivo" (da Setem Comunitat Valenciana, dublado por Instituto Solidus e Planeta Ambiental Consultoria)
- "A história das coisas" (da Tides Foundation)
- "O homem" (de Steve Cutts)
- "Aprendendo a proteger a biodiversidade" (da Unesco)
- "O plástico está cobrindo e destruindo nosso planeta" (da ONU)

Quem fez este livro?

Mariela nasceu em Buenos Aires, em 1974, e desde 2000 vive em Mar del Plata. É doutora em biologia e contadora de histórias. Desde pequena é apaixonada por tudo o que envolve entender o planeta e cuidar dele. Gosta de olhar o mar, o céu e as montanhas. E adora pisar na terra descalça, fechar os olhos, respirar fundo e se sentir conectada com a natureza.

Ileana nasceu em Buenos Aires, em 1972. É bióloga e escreveu muitos livros para crianças. Desde seus tempos de estudante, adora prestar atenção na forma como as diferentes espécies se relacionam. Também gosta de passar os fins de semana ao ar livre, longe dos ruídos da cidade.

Pablo nasceu em Buenos Aires, em 1978. Ele desenha, pinta e constrói objetos. As plantas são uma grande fonte de inspiração em sua vida, e ele adora cuidar delas. Gosta de estar em contato com a natureza, aprender com ela e sentir sua magia.